BEI GRIN MACHT SICH IHR WISSEN BEZAHLT

- Wir veröffentlichen Ihre Hausarbeit,
  Bachelor- und Masterarbeit

- Ihr eigenes eBook und Buch -
  weltweit in allen wichtigen Shops

- Verdienen Sie an jedem Verkauf

Jetzt bei www.GRIN.com hochladen und kostenlos publizieren

Chancen und Risiken bei strategischen Partnerschaften mit IT-Dienstleistern

Kevin Giss

Bibliografische Information der Deutschen Nationalbibliothek:

Die Deutsche Nationalbibliothek verzeichnet diese Publikation in der Deutschen Nationalbibliografie; detaillierte bibliografische Daten sind im Internet über http://dnb.d-nb.de abrufbar.

ISBN: 9783346723253
Dieses Buch ist auch als E-Book erhältlich.

Druck und Bindung: Books on Demand GmbH, Norderstedt Germany
Gedruckt auf säurefreiem Papier aus verantwortungsvollen Quellen

Das vorliegende Werk wurde sorgfältig erarbeitet. Dennoch übernehmen Autoren und Verlag für die Richtigkeit von Angaben, Hinweisen, Links und Ratschlägen sowie eventuelle Druckfehler keine Haftung.

Das Buch bei GRIN: https://www.grin.com/document/1274505

Hausarbeit – Abgabe Zweitversuch

Internationale Hochschule Duales Studium

Studiengang: Wirtschaftsinformatik

Chancen und Risiken bei strategischen Partnerschaften mit IT-Dienstleistern.

Kevin Giss

Abgabedatum: 20.01.2022

Inhaltsverzeichnis

I. Abbildungsverzeichnis

1. Einleitung

1.1 Problemstellung

Es gab kaum eine andere Entwicklung, die das alltägliche Leben derartig beeinflusst hat, wie es die Digitalisierung tut. Sie fordert die Gesellschaft in beinahe jedem Bereich, ob privat oder geschäftlich zu einem digitalen Umdenken auf (Bundesministerium für Wirtschaft und Klimaschutz, 2021).

Somit sorgt die digitale Wende auch für einen Wandel innerhalb der Arbeitswelt, dessen Ausmaß nur mit dem der Industriellen Revolution vergleichbar ist (Lehmer, 2017, S. 110). Dies bedeutet, dass die meisten Unternehmen sämtliche internen Prozesse und ihr Geschäftsmodell ändern müssen, um in dieser schnelllebigen Zeit weiterhin konkurrenzfähig zu bleiben (Klotz, 2018, S.11). Allerdings ergeben Studien des Zentrums für Europäische Wirtschaftsforschung, kurz ZEW, dass nur etwa ein Fünftel der befragten Unternehmen mit der digitalen Vernetzung begonnen haben. Vor allem sorgt die Digitalisierung aber für den deutschen Mittelstand für Probleme, denn hier fehlen meist die nötigen Ressourcen und das nötige Knowhow dazu, den Digitalisierungsgrad zu erhöhen. Vor allem die Gesichtspunkte intelligente Vernetzung und IT-Sicherheit überfordern viele Firmen, weswegen diese Bereiche oftmals aus der Geschäftsstruktur herausgenommen und von externen Dienstleistern übernommen werden. Bei der Auslagerung solcher Digitalisierungsprozesse sprechen Experten auch von IT-Outsourcing, welches dann von IT-Dienstleistern übernommen wird (Saam, Schiel, & Viete, 2016, S.2).

1.2 Zielsetzung und Forschungsfrage

In dieser Arbeit soll nun eine solche Partnerschaft eines Unternehmens mit einem IT-Dienstleister näher betrachtet werden. Vor allem wird hierbei darauf eingegangen, welche Digitalisierungsprozesse vom IT-Dienstleister übernommen werden und was die Chancen und Risiken einer solchen Partnerschaft sind. Besonders im Vordergrund steht hierbei das Ausmaß der Digitalisierung und das Potenzial und die Schwierigkeiten so einer Partnerschaft.

2. Theoretische Fundierung

„Die Digitalisierung ist kein Projekt, das irgendwann abgeschlossen sein wird, und auch kein eigenständiger Bereich." So sehen es Klimmer und Selonke (2017). „Sie ist ein Prozess, der uns alle von nun an kontinuierlich begleitet und bei intelligenter Implementierung zu einem selbstverständlichen Teil unserer Arbeit und der gesamten Organisation wird" (S. 37). Dies bedeutet, dass dessen Umsetzung weitaus komplizierter ist, als nur einzelne Anpassungen im Unternehmen durchzuführen. Sie ist eine fortlaufende Entwicklung, die ein Umdenken der internen Prozesse und tradierter Marktlogiken erfordert (Bundesministerium für Wirtschaft und Klimaschutz, 2021).

Wie eine Befragung des IT-Branchenverbands Bitkom unterstreicht, scheuen sich aktuell noch viele Firmen davor, Digitalisierungsprozesse in ihren Geschäftsalltag einzubauen.

Abb. 1: Hemmnisse für Unternehmen bei der Digitalisierung

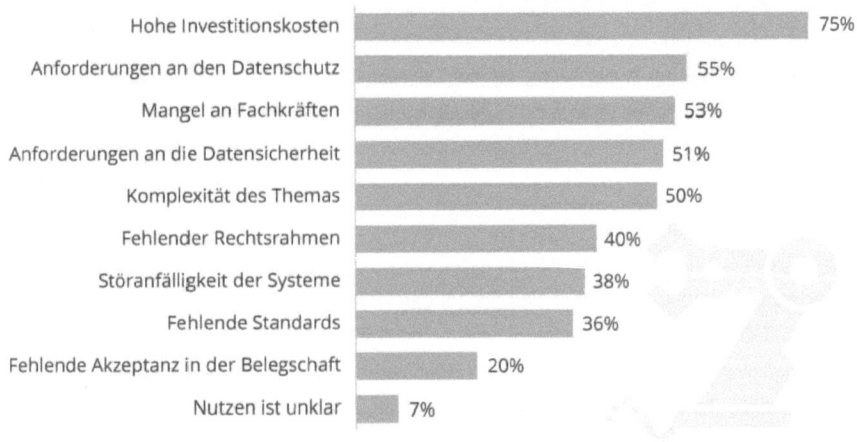

Hemmnisse für Unternehmen bei der Digitalisierung
Anteil der Befragten*

Hohe Investitionskosten	75%
Anforderungen an den Datenschutz	55%
Mangel an Fachkräften	53%
Anforderungen an die Datensicherheit	51%
Komplexität des Themas	50%
Fehlender Rechtsrahmen	40%
Störanfälligkeit der Systeme	38%
Fehlende Standards	36%
Fehlende Akzeptanz in der Belegschaft	20%
Nutzen ist unklar	7%

* Befragt wurden 364 Anwender und Planer von Industrie-4.0-Anwendungen in Unternehmen ab 100 Mitarbeitern.

Quelle: Nier, 2016.

Daraus leitet sich ab, dass die befragten Unternehmen mehrheitlich vor allem wegen hohen Investitionskosten, Anforderungen am Datenschutz und einem Fachkräftemangel noch nicht angefangen haben, ihre Firmen zu digitalisieren (Nier, 2016).

Allerdings zwingt der steigende Wettbewerbsdruck die Unternehmen dazu sich weiterzuentwickeln, da sie sonst durch effizientere Prozesse und vernetzte Arbeitsweisen von der Konkurrenz aus dem Markt gedrängt werden (Bitkom, 2019). Um also weiterhin konkurrenzfähig zu bleiben, suchen sich

Firmen, denen die nötigen Ressourcen dazu fehlen, einen externen Dienstleister, der sie bei der Einführung in die Digitalisierung unterstützt, oder diese Aufgabe im Ganzen übernimmt (Schmitz, 2014).

Dabei sollte die Wahl des IT-Dienstleisters von vielen Aspekten abhängen, wie beispielsweise dem Standort, der Größe und auch vom bestehenden Kundenstamm des Dienstleisters. Denn mit der Partnerschaft folgen viele Chancen und Risiken für das Unternehmen (Wien, 2012, S. 42). Welche genau, und worauf es sonst bei der Wahl des IT-Dienstleisters ankommt, wird im Verlauf dieser Arbeit näher beschrieben und analysiert.

3. Methodik

Für die Bearbeitung der oben genannten Forschungsfrage, werden verschiedene Forschungsmethoden verwendet. Zuerst soll die Thematik differenziert und abgegrenzt werden. Hierbei hat eine feingliedrige Unterteilung der Fragestellung zur Folge, dass eine präzise Erarbeitung durchgeführt werden kann und sich auf die relevanten Bereiche einer Partnerschaft mit einem IT-Dienstleister konzentriert wird.

Danach wird die Problem- und Fragestellung manifestiert, sodass im Anschluss ein Überblick über den Aufbau und das Ziel der Arbeit geschaffen werden kann. Anschließend wird näher auf die Begriffe Digitalisierung und IT-Outsourcing eingegangen, indem die Begriffe genauer eingegrenzt werden und allgemein der Bereich IT-Dienstleistungen beschrieben wird. Hierbei ist es wesentlich, jede Aussage mit fundierten Quellen, durch eine Literaturrecherche, zu untermauern, um den Sachverhalt nachvollziehbar darzulegen. Für die genannte Literaturrecherche wird sich hauptsächlich mit wissenschaftlichen Quellen aus der bayrischen Staatsbibliothek befasst, ergänzt von seriösen E-Books von verschiedenen Onlineplattformen, wie beispielsweise OPAC, oder passenden Internetseiten.

Als Drittes wird sich in der Arbeit speziell auf die Chancen und Risiken einer Partnerschaft mit einem IT-Dienstleister fokussiert. Dafür wird als Erstes das Potenzial und danach die möglichen Schwierigkeiten einer solchen Partnerschaft beschrieben und anschließend eine Handlungsempfehlung für Unternehmen ausgesprochen.

Zum Schluss der Arbeit soll ein Fazit die behandelte Fragestellung zusammenfassen und die Ergebnisse nochmals hervorheben.

4. Definitionen, Erläuterungen und Abgrenzungen

Bevor die eigentliche Bearbeitung der Forschungsfrage beginnen kann, müssen erst die Oberbegriffe im Rahmen ihrer Behandlung in dieser Arbeit näher definiert, erklärt und abgegrenzt werden.

Zuerst soll definiert werden, was die Digitalisierung ist und was alles zu diesem Begriff dazugehört.

4.1 Abgrenzung und Definition des Begriffs Digitalisierung

Tatsächlich ist es schwierig dem Begriff Digitalisierung nur eine Bedeutung zuzuweisen, da darunter je nach Auffassung Verschiedenes gemeint ist. Zum einen kann darunter die binäre Repräsentation von Texten, Bildern, Tönen und weiteres, sprich die digitale Umwandlung von Information und Kommunikation, verstanden werden, oder aber sie wird auf die digitale Revolution, häufig auch digitale Wende genannt, bezogen (Neugebauer, 2018, S. 9).

Grundlegend lässt sich sagen, dass durch die Digitalisierung analoge Werke oder Abläufe in ein digitales Gebilde oder digitale Arbeitsweise konvertiert werden. Als Beispiel lässt sich hier das Umwandeln von Musikkassetten zu Mp3 Dateien aufführen. Allerdings wird hiermit nur die simpelste Form der Digitalisierung beschrieben, denn tatsächlich tritt sie in jedem Bereich der Gesellschaft, ob privat oder beruflich, auf (Boes & Lange, 2021).

In den letzten Jahren wurde der Begriff jedoch auch wegen seines enormen Einflusses auf den Alltag häufig mit der Industriellen Revolution verglichen, wodurch der Begriff Digitale Revolution entstand. Hier wurde somit ein historischer Kontext für die Digitalisierung kreiert, um diese besser greifbar zu machen (Wirtschaftskammer Österreich, 2016).

Demgegenüber wird sie von anderen Parteien oftmals auch als kontinuierliche Weiterentwicklung aufgefasst. Somit ist hiermit eher eine Evolution, statt Revolution, gemeint. Denn wie bei einer Evolution üblich, werden die meisten Umstellungen von Privatpersonen und Unternehmen erst nach und nach angelernt und eingesetzt (Lichter, 2016, S. 310).

Bezogen auf die professionelle, gewerbliche Seite der Digitalisierung, werden häufig noch weitere Buzzwords, wie beispielsweite Cloud Computing, künstliche Intelligenz, oder Internet of Things damit einbezogen. Jedoch gelten diese Begriffe nur zu einer Art der Begriffsbedeutung des Worts „Digitalisierung". Denn gewissermaßen lässt sich diese in zwei verschiedene Ansichten unterteilen. Zum einen in ein „bodenständiges Begriffsverständnis", also eine Anschauung, die besagt, dass die Digitalisierung vor allem bei den betrieblichen Geschäftsprozessen als Erleichterung dient. Und zum anderen in ein „modernes Begriffsverständnis", dabei sehen die Unternehmen das Potenzial darin, den Arbeitsablauf durch die digitale Wende zu automatisieren (Biffar & Collenbusch, 2018, S.22).

Diesbezüglich besteht meistens ein Zusammenhang zwischen Unternehmensgröße und Begriffs-verständnis, wie die folgende Grafik untermauert.

Abb. 2: Unterschiedliches Begriffsverständnis je nach Unternehmensgröße

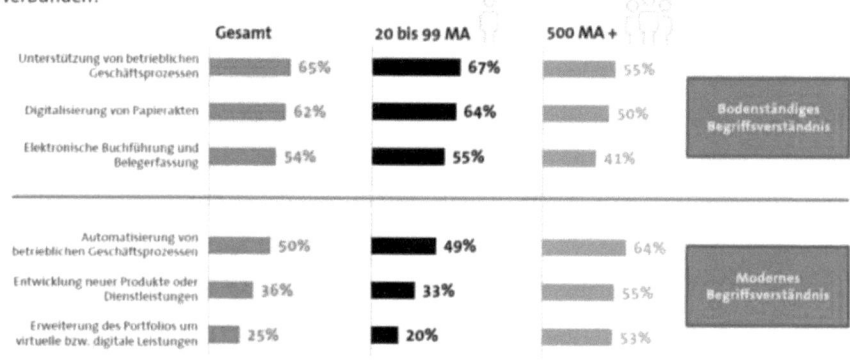

Unterschiedliches Begriffsverständnis je nach Unternehmensgröße

Welche der folgenden Aspekte werden in Ihrem Unternehmen mit dem Begriff „Digitalisierung" verbunden?*

	Gesamt	20 bis 99 MA	500 MA +	
Unterstützung von betrieblichen Geschäftsprozessen	65%	67%	55%	Bodenständiges Begriffsverständnis
Digitalisierung von Papierakten	62%	64%	50%	
Elektronische Buchführung und Belegerfassung	54%	55%	41%	
Automatisierung von betrieblichen Geschäftsprozessen	50%	49%	64%	Modernes Begriffsverständnis
Entwicklung neuer Produkte oder Dienstleistungen	36%	33%	55%	
Erweiterung des Portfolios um virtuelle bzw. digitale Leistungen	25%	20%	53%	

1 Basis: Unternehmen ab 20 Mitarbeiter (n=1.106) | * Mehrfachnennungen möglich | Quelle: Bitkom Research

Quelle: Biffar & Collenbusch, 2018, S.3.

Vor allem zeigt diese deutlich, dass kleine Firmen mit bis zu 99 Angestellten eine eher bodenstän-dige Auffassung des Begriffs haben und Großunternehmen mit über 500 Mitarbeitern ein modernes Begriffsverständnis vorweisen.

Zwar zeigt diese Erarbeitung, dass es verschiedene Auffassungen des Begriffs Digitalisierung gibt, jedoch bezieht sich diese Arbeit auf die Definition als kontinuierliche Entwicklung.

Im nächsten Abschnitt soll nun der Prozess des IT-Outsourcings beschrieben werden, um danach gezielt auf die Forschungsfrage eingehen zu können.

4.2 Erläuterung des Begriffs IT-Outsourcing

Bevor der Begriff IT-Outsourcing näher erklärt wird, muss erstmal differenziert betrachtet werden, was generell unter Outsourcing verstanden wird.

So meint diese Bezeichnung eine Unternehmensstrategie, bei der einzelne Leistungen, Teilbereiche oder Geschäftsprozesse eines Unternehmens auf Zulieferer oder externe Unternehmen verlagert werden und größtenteils nicht mehr von der Firma selbst erbracht oder übernommen werden. Diese Inanspruchnahme wird meistens aus deshalb angewendet, da so die nötigen Anschaffungs- und Betriebskosten der Abteilung gesenkt werden können (Microtech, 2021).

Allerdings sollten Outsourcing-Entscheidungen bestenfalls immer erst nach einer Wirtschaftlichkeits-rechnung getroffen werden, um den Nutzen des Vorhabens schon bereits im Vorhinein erkennen zu können. In so einer Rechnung sollten alle Kennzahlen gesammelt werden und dann in Form von Ein- und Ausgaben gegenübergestellt werden (Kriwall, 2021).

Zeigt die Berechnung, dass das Vorhaben wirtschaftlich richtig ist, macht es in den meisten Fällen für die Unternehmen Sinn, die gewählte Abteilung auszulagern, sodass es sich auf das Kerngeschäft konzentrieren kann. In anderen Fällen werden Abteilungen deshalb an externe Dienstleister abge-geben, weil sie im eigenen Haus nicht effizient genug ausgeführt werden können, oder weil das nötige Knowhow in diesem Bereich fehlt (Businessinsider, 2019).

Das folgende Diagramm bestätigt, dass dies auch die Hauptgründe sind, weshalb sich Unternehmen dazu entscheiden, ihre IT-Abteilung an externe IT-Dienstleister auszulagern.

Abb. 3: Gründe für das IT-Outsourcing in Deutschland

Quelle: Rusak, 2011.

Dabei lassen sich die Anforderungen der Unternehmen an die ausgelagerte IT in vier verschiedene Sparten unterteilen, die sich im Hinblick auf den Kosten und der Wertschöpfung voneinander unterscheiden. An erster Stelle kommt das sogenannte „Commodity". Hierbei soll sich der Dienstleister im Kern auf die Kosten der IT konzentrieren und diese möglichst geringhalten. Dafür hat die Firma keinen Anspruch darauf, dass die IT einen Beitrag zur Wertschöpfung und zum Unternehmenserfolg leistet.

Bei den darauffolgenden Typen der Dienstleistung steigern sich stetig die Kosten der Leistung, damit jedoch auch der Fokus auf die Wertschöpfung. An der Spitze dieses Kontinuums steht der Berater, hier hat das Unternehmen den Anspruch an den IT-Dienstleister, dass dieser aktiv bei der Prozessgestaltung mithilft und so einen wesentlichen Beitrag zur Wertschöpfung beiträgt (Weber, 2006, S.15).

Die kommende Abbildung spiegelt die genannten Anforderungen hinsichtlich der Wertschöpfung nochmals übersichtlich wider:

Abb. 4: Wertschöpfungsrelevanz der IT

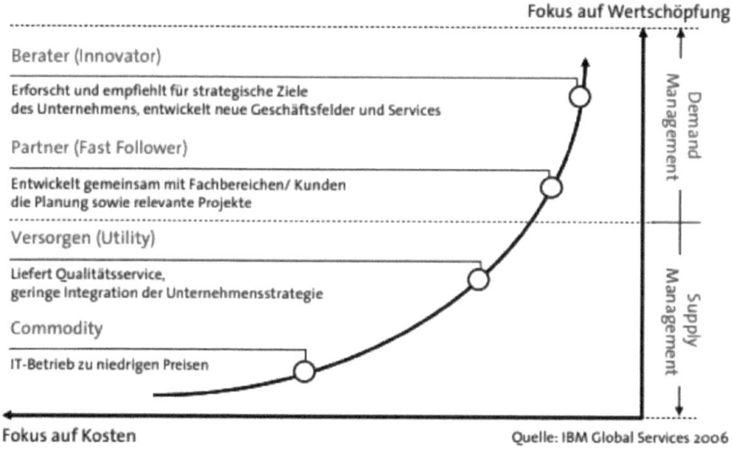

Fokus auf Wertschöpfung

Berater (Innovator)
Erforscht und empfiehlt für strategische Ziele des Unternehmens, entwickelt neue Geschäftsfelder und Services

Partner (Fast Follower)
Entwickelt gemeinsam mit Fachbereichen/ Kunden die Planung sowie relevante Projekte

Versorgen (Utility)
Liefert Qualitätsservice, geringe Integration der Unternehmensstrategie

Commodity
IT-Betrieb zu niedrigen Preisen

Demand Management
Supply Management

Fokus auf Kosten

Quelle: IBM Global Services 2006

Quelle: Weber, 2006, S.15.

Da nun diese zwei wichtigen Begrifflichkeiten erklärt wurden, kommt im nächsten Abschnitt eine Analyse über die Chancen und Risiken einer Partnerschaft mit einem IT-Dienstleister.

5. Chancen und Risiken bei der Auslagerung der IT

Wie bereits aufgezeigt, ist es in Zeiten der Digitalisierung für jedes Unternehmen wichtig, dass es eine funktionierende IT-Infrastruktur besitzt. Allerdings wollen oder können viele Firmen nicht die nötigen Ressourcen dafür stellen, weshalb dann ein IT-Dienstleister dafür zuständig gemacht wird. Welche Chancen und welche Risiken sich dadurch für die Unternehmen ergeben soll nun als nächstes aufgezeigt werden.

5.1 Chancen bei der Auslagerung

Wie bereits aufgeführt, können vor allem Unternehmen, denen die Ressourcen zu einer internen IT-Abteilung fehlen, durch dessen Auslagerung profitieren. Das folgende Diagramm einer Umfrage von des Consultingunternehmens Deloitte zeigt, welche Vorteile für Unternehmen dabei am bedeutsamsten sind.

Abb. 5: Die Treiber des IT-Outsourcings

Kosteneinsparung	70
Best Practices/Qualität/Innovation	57
Flexibität/Skalierbarkeit	35
Fokus auf Kernkompetenzen	35
Zugriff auf hochqualifizierte Kräfte	22
Transfer von Finanz- und Betriebsrisiken	22
Mangel an eigenen Fachkräften	16

Quelle: Deloitte Consulting, 2013.

Der erste und zugleich offensichtlichster Punkt für das IT-Outsourcen ist die Reduzierung von Kosten oder auch die Flexibilisierung von Kosten. Da der Dienstleister die wesentlichen Investitionen für eine produktive Infrastruktur tätigt und diese Ressourcen dann auf seine Klienten aufteilt, bedeutet das im Endeffekt, dass das einzelne Unternehmen weniger zahlt, als wenn es selbst die notwendigen Gerätschaften und Leistungen erwirbt (Garling & Lenz, 2021). Darüber hinaus fallen für die Firma auch keine Kosten für Raummiete, Energie und Fachpersonal an, sondern werden in Form von Fixkosten an den IT-Dienstleister gezahlt. Dies resultiert in einen weiteren Pluspunkt, denn häufig verlieren Unternehmen den Überblick dabei, die Kosten von internen IT-Leistungen abzuschätzen. Das Auslagern dieser Leistungen an externe Dienstleister hilft hierbei oft, die Kosten transparent zu halten (Wien, 2012, S.41).

Zusätzlich hat die Partnerschaft mit einem IT-Dienstleister den Vorteil, dass der Dienstleister durch ständigen Konkurrenzdruck dazu gezwungen ist, aktuelle Hard- und Software, sowie ausgebildetes Personal vorrätig zu haben. Somit können die geschulten Mitarbeiter des Dienstleisters das Unternehmen bei dessen täglichen Arbeit unterstützen und zur Wertschöpfung beitragen. So können die

Kunden von diesen Umständen profitieren und müssen sich nicht ständig selbst um neue Geräte kümmern, oder auch IT-Personal intern auszubilden, sondern können ihre Mitarbeiter in das Kerngeschäft einbinden. Außerdem lassen sich IT-Leistungen bei einer ausgelagerten IT leichter skalieren, da Dienstleister für diesen Fall bereits vorgesorgt haben und hier schnell Abhilfe schaffen können (Sajons, 2018).

Ferner ist es aus dem Gesichtspunkt der Sicherheit oftmals sinnvoll die eigene IT-Abteilung auszulagern. Denn externe Dienstleister verfügen in den meisten Fällen über umfassende technische und organisatorische Sicherungsmaßnahmen ihrer Infrastruktur. Außerdem ist dessen Expertise sehr wertvoll im Umgang mit Cyberkriminalität, denn hierzu haben die meisten Dienstleister intelligente Cyberstrategien, die auf mehreren Ebenen bei der Prävention vor Hackerangriffen schützen, oder das Unternehmen im Falle einer Cyberattacke bei der Wiederherstellung ihrer Infrastruktur unterstützen können (Jirsak, 2014).

Daneben macht die Ausgliederung der IT im Aspekt der Sicherheit noch aus einem anderen Grund Sinn, denn dies ist ein Mittel der Risikostreuung. Das bedeutet, dass Firmendaten dezentral gespeichert werden können und so beispielsweise im Falle eines Verschlüsselungsangriffs aus der sicheren Umgebung des Dienstleisters wieder hergestellt werden können (Lansol, 2021).

5.2 Risiken beim IT-Outsourcing

Die hauseigene IT-Abteilung auszulagern, um damit beispielsweise Kosten zu sparen, klingt für viele Unternehmen ansprechend. Vor allem für diejenigen, die der IT keinen hohen Stellenwert im eigenen Unternehmen zuweisen. Allerdings bergen sich hierbei einige Gefahren für die Unternehmen, die im ersten Moment nicht abzusehen sind (Menz, 2020, S.32).

In erster Linie besteht das Risiko, dass Unternehmen auf lange Sicht eine Abhängigkeit zu Ihren Dienstleistern entwickeln. Damit ist gemeint, dass die Dienstleister die unternehmensindividuelle Infrastruktur und Softwarelösung der Firma bei sich verwaltet und die Firma selbst keinen Zugriff darauf hat, sobald die Partnerschaft beendet ist. In diesem Fall würde ein essenzieller Anteil an Fortschritt und Technologievorsprung verloren gehen und müsste mit hohem zeitlichem und finanziellem Aufwand wieder abgefangen werden. Dabei muss der Abbruch der Zusammenarbeit nicht immer vom Auftraggeber ausgehen, teilweise beendigen die Dienstleister selbst die Partnerschaft, sobald die lukrativsten Projekte abgeschlossen wurden (Menz, 2020, S.33).

Hinzu kommt, dass externes Personal gezwungenermaßen mit erhöhter organisatorischer Komplexität einhergeht. Das bedeutet, dass nicht nur komplexere Strukturen und aufwendigere Abstimmungsprozesse hinzukommen. Auch die unterschiedlichen Zielrichtungen erschweren die Zusammenarbeit. Denn häufig strebt der Dienstleister die Lösung an, die für ihn am wirtschaftlichsten ist, was jedoch nicht in allen Fällen gleichzeitig bedeutet, dass es auch die passende Lösung für dessen Klient ist. Darüber hinaus kann es zu Verzögerungen der eigenen Leistungen kommen. Denn dadurch, dass Dienstleister häufig mit entsprechenden Service- und Supportzeiten arbeiten, heißt dies, dass Projekte teilweise mehr Zeit benötigen, als wenn sie intern entwickelt werden. (Axxcon Management Consultants, 2021).

Außerdem darf nicht vernachlässigt werden, dass einige Outsourcing-Kosten unbemerkt bleiben können, besonders wenn ein Unternehmen zum ersten Mal mit einem Partner zusammenarbeitet. Diese Kosten können das Management und die Koordination von Auftragnehmern, Onboarding und Prozesskosten umfassen. Somit könnten die Kosten, die entstanden sind, höher sein als die Kosten, die durch die Auslagerung eingespart wurden (AHD, 2021)

Ein weiterer Punkt ist der Verlust der Qualitätskontrolle und in den meisten Fällen auch das Einbüßen der Qualität. Denn damit Dienstleister ihren Klienten IT-Leistungen zu günstigeren Konditionen anbieten können, müssen diese standardisierte Lösungen nutzen und ihren Kunden zur Verfügung stellen. Mit dem Erwerb von standardisierten Umgebungen laufen Unternehmen allerdings Gefahr, dass diese die geforderten Funktionalitäten nicht oder nur teilweise bieten. In der Praxis bedeutet das oftmals, dass kostspielige Anpassungen notwendig sind (IT-Daily, 2021).

6. Handlungsempfehlung für Unternehmen

Nun da sowohl die Chancen als auch die Risiken einer Partnerschaft mit einem IT-Dienstleisters aufgezeigt wurden, kommt nun eine Handlungsempfehlung für Unternehmen.

Tatsächlich kann die Auslagerung der IT-Leistungen sinnvoll sein, muss zuvor allerdings gut durchdacht sein. So sollten sich die Unternehmen einen Dienstleister aussuchen, der zum jeweiligen Geschäftsfeld passt. Hierbei sollten Faktoren wie der Standort, die Größe und der aktuelle Kundenstamm im Vorfeld vom Unternehmen geprüft werden (Sajons, 2018).

Hat sich der Auftraggeber für einen passenden Dienstleister entschieden, müssen nun einige organisatorische und technische Aspekte bei der Zusammenarbeit zwischen IT-Dienstleister und Auftraggeber beachtet werden. So sollten beide Parteien am Anfang der Kooperation miteinander einen Rahmenvertrag erstellen, der die wichtigsten rechtlichen Punkte, den Umfang der Leistungen und deren Kosten enthält (Wien, 2012, S. 43).

Allerdings sollte das Unternehmen nicht ausschließlich auf die Kompetenz des Dienstleisters vertrauen, sondern sollte selbst ein IT-Team zusammenstellen, welches als Bindeglied zwischen Dienstleister und Rest der Firma agieren sollte. So können Kommunikationsschwierigkeiten verhindert werden und sichern das Unternehmen ab, falls die Kooperation beendet wird. Währenddessen sollte die Managementebene der Firma darauf achten, dass der größte Teil der Wertschöpfung intern passiert, sodass hier keine Abhängigkeit vom IT-Dienstleister entsteht (Garling & Lenz, 2021).

Werden diese fundamentalen Punkte erfüllt, kann eine Kooperation für beide von Vorteil sein, da sich der Auftraggeber auf sein Kerngeschäft konzentrieren kann und der IT-Dienstleister für seine Arbeit bezahlt wird.

7. Schlussfolgerung und Fazit

IT-Outsourcing ist in vielen Unternehmen ein wichtiges Instrument, um die Fokussierung auf die Kernkompetenzen zu stärken und Kosteneinsparungen zu erzielen. In vielen Branchen ist die Auslagerung der IT oder Teilen davon eine vielversprechende Alternative zum Eigenbetrieb.

Allerdings dürfen die Unternehmen sich nicht nur auf die Arbeit des Dienstleisters verlassen, denn vor allem in Zeiten der Digitalisierung ist es wichtig, dass jeder den Umgang mit Technologien beherrscht, denn falls dies nicht der Fall, wird er schnell von der Gesellschaft abgehängt.

Von daher sollte sich jedes Unternehmen genau überlegen, ob und in welchem Maß es die IT auslagert. Denn dieser Bereich, der in den kommenden Jahren noch mehr an Bedeutung zunehmen wird, ist jetzt schon in vielen Fällen maßgeblich für den Erfolg des Unternehmens verantwortlich.

II. Literaturverzeichnis

AHD GmbH (2021). *Was ist IT-Outsourcing und welche Vorteile bietet es?* Abgerufen am 28.12.2021 von https://www.ahd.de/was-ist-it-outsourcing-und-welche-vorteile-bietet-es/.

Axxcon Management Consultants (2021). *Sourcing-Studie zur Unternehmens-IT: Outsourcing besser als sein Ruf.* Abgerufen am 27.12.2021 von https://axxcon.com/2018/06/12/studie-zur-it-auslagerung-outsourcing-besser-als-sein-ruf/.

Biffar, J. & Collenbusch, P. (2018). *Office goes digital: Bitkom Digital Office Index 2018.* Hannover: Bitkom Research.

Bitkom (2019). *Digitalisierung kommt in den deutschen Unternehmen an.* Abgerufen am 25.12.2021 von https://www.bitkom.org/Presse/Presseinformation/Digitalisierung-kommt-in-den-deutschen-Unternehmen-an.

Boes, A. & Langes, B. (2021). *Digitalisierung.* Abgerufen am 25.12.2021 von https://www.bidt.digital/glossar-digitalisierung/.

Businessinsider (2019). *Was bedeutet Outsourcing?* Abgerufen am 26.12.2021 von https://www.businessinsider.de/gruenderszene/lexikon/begriffe/outsourcing/.

Bundesministerium für Wirtschaft und Klimaschutz (2021). *Den digitalen Wandel gestalten.* Abgerufen am 25.12.2021 von https://www.bmwi.de/Redaktion/DE/Dossier/digitalisierung.html.

Deloitte Consulting (2013). *Calling a Change in the Outsourcin Market – The Realities for the World's Largest Organizations.* Abgerufen am 24.12.2021 von http://www.deloitte.com/dtt/cda/doc/content/us_outsourcing_callingachange.pdf.

Garling, K. & Lenz, C. (2021). *IT-Outsourcing – Vorteile für Unternehmen.* Abgerufen am 26.12.2021 von https://www.dhpg.de/de/newsroom/blog/it-outsourcing/.

Hedda, N. (2016). *Hemmnisse für Unternehmen bei der Digitalisierung.* Abgerufen am 26.12.2021 von https://de.statista.com/infografik/4876/hemmnisse-fuer-unternehmen-bei-digitalisierung/.

IT-Daily (2021). *IT-Outsourcing unter der Lupe - Pro, Contra und vieles dazwischen.* Abgerufen am 27.12.2021 von https://www.it-daily.net/it-management/projekt-personal/27894-it-outsourcing-unter-der-lupe-pro-contra-und-vieles-dazwischen.

Jirsak, M. (2014). *IT-Outsourcing bringt häufig Vorteile.* Abgerufen am 27.12.2021 von https://www.pc-magazin.de/business-it/it-outsourcing-bringt-haeufig-vorteile-1944249.html.

Klimmer, M. & Selonke, J. (2017). *#Digital Leadership. Wie Top-Manager in Deutschland den Wandel gestalten.* Berlin: Springer Gabler Verlag.

Klotz, U. (2018). Zukunft der Arbeit. In Barton, T., Müller, C., & Seel, C. (Hrsg.), *Digitalisierung in Unternehmen* (S. 11-22). Wiesbaden: Springer-Vieweg Verlag.

Kriwall, M. (2021). *Grundlagen der Wirtschaftlichkeitsbetrachtung.* Abgerufen am 27.12.2021 von https://www.iph-hannover.de/de/dienstleistungen/fertigungsverfahren/wirtschaftlichkeitsberechnung/#:~:text=Die%20Wirtschaftlichkeitsberechnung%20ergibt%20sich%20aus,Verh%C3%A4ltnis%20zwischen%20Output%20und%20Input.&text=Von%20absoluter%20Wirtschaftlichkeit%20wird%20gesprochen,Ertr%C3%A4ge%20die%20entstandenen%20Kosten%20%C3%BCbersteigen.

Lansol (2021). *Was ist IT-Outsourcing? – Vorteile und Eigenschaften der Auslagerung.* Abgerufen am 26.12.2021 von https://www.lansol.de/blog/it-outsourcing/#:~:text=Grunds%C3%A4tzlich%20lassen%20sich%20folgende%20Vorteile,Fachpersonal%20innerhalb%20eines%20Unternehmens%20an.

Lehmer, F. (2017). Digitalisierung. In Arnold, D. et al., *Arbeitsmarkt kompakt. Analysen, Daten, Fakten* (S.110-128). Bielefeld: W. Bertelsmann Verlag.

Lichter, J. (2016). Digitale Revolution oder Digitale Evolution? *Wirtschaftspolitische Blätter*, 16(02), S. 309-319.

Neugebauer, R. (2018). *Digitalisierung. Schlüsseltechnologien für Wirtschaft und Gesellschaft.* Berlin: Springer-Vieweg Verlag.

Menz, M. (2020). IT-Outsourcing im E-Commerce: Ein schwerwiegender Managementfehler? *Wirtschaftsinformatik & Management*, 20(01), S. 32-38.

Microtech (2021). *Outsourcing.* Abgerufen am 27.12.2021 von https://www.microtech.de/erp-wiki/was-ist-outsourcing/.

Rusak, D. (2011). *Weißrussland ist unter den Top 20 der IT-Outsourcing-Länder.* Abgerufen am 26.12.2021 von https://www.elinext.de/weissrusslandtopitoutsourcing.

Saam, M., Schiel, S., & Viete, S. (2016). *Digitalisierung im Mittelstand: Status Quo, aktuelle Entwicklungen und Herausforderungen.* Mannheim: ZEW.

Sajons, C. (2018). *Fünf gute Gründe für das IT-Outsourcing von Kundenservice-Dienstleistungen.* Abgerufen am 27.12.2021 von https://firmen.handelsblatt.com/it-outsourcing.html.

Schmitz, P. (2014). *Europäische Firmen wollen IT-Sicherheit auslagern. Outsourcing von IT-Sicherheit.* Abgerufen am 24.12.2021 von https://www.security-insider.de/outsourcing-von-it-sicherheit-a-445613/.

Weber, M. (2006). *Compliance in IT-Outsourcing-Projekten. Leitfaden zur Umsetzung rechtlicher Rahmenbedingungen.* Berlin: Bitkom e.V.

Wien, A. (2012). Outsourcing von IT-Dienstleistungen – Chancen, Risiken und Vertragsgestaltung. *Wirtschaftsinformatik & Management*, 10(06), S. 40-47.

Wirtschaftskammer Österreich (2016). *Digitale Revolution oder Digitale Evolution?* Abgerufen am 26.12.2021 von https://www.wko.at/site/WirtschaftspolitischeBlaetter/Joerg-Lichter:-Digitale-Revolution-oder-Digitale-Evolutio.html.

BEI GRIN MACHT SICH IHR WISSEN BEZAHLT

- Wir veröffentlichen Ihre Hausarbeit,
  Bachelor- und Masterarbeit

- Ihr eigenes eBook und Buch -
  weltweit in allen wichtigen Shops

- Verdienen Sie an jedem Verkauf

Jetzt bei www.GRIN.com hochladen und kostenlos publizieren